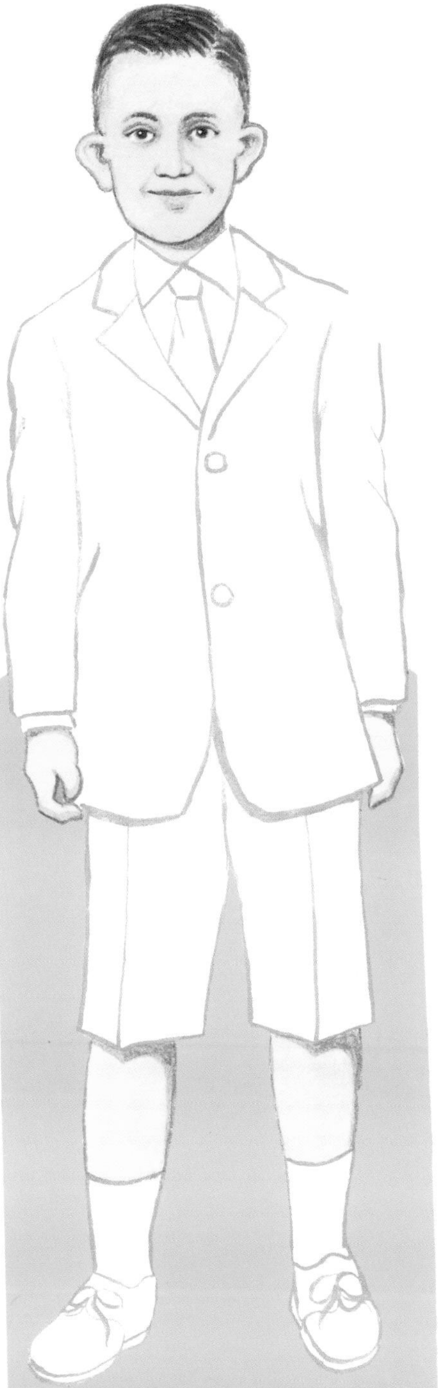
A

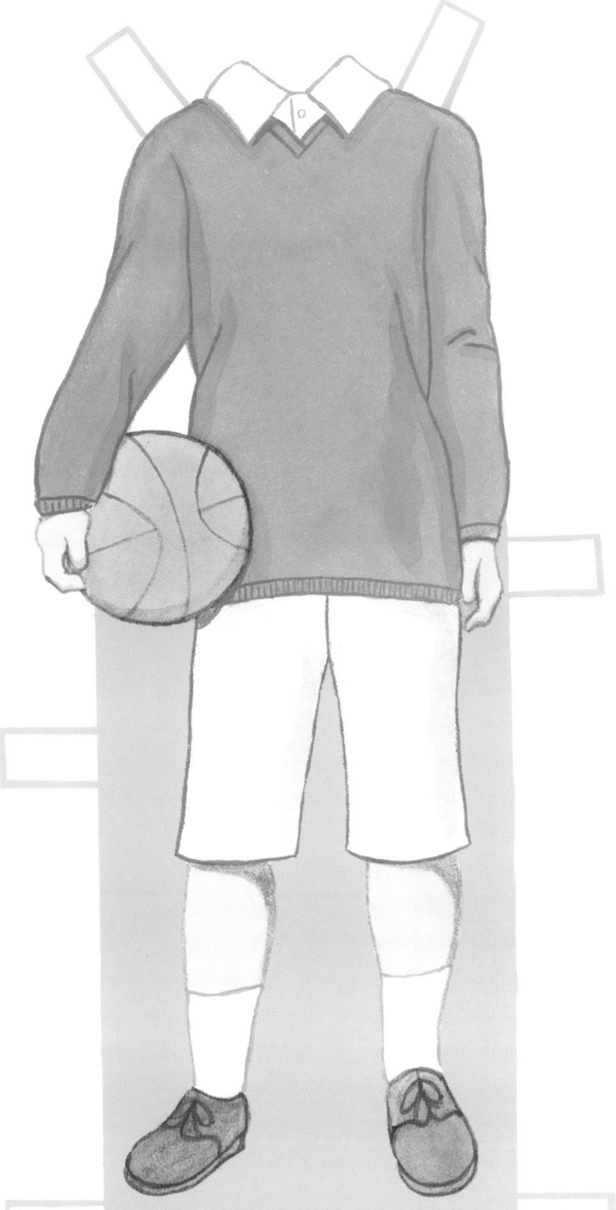
A

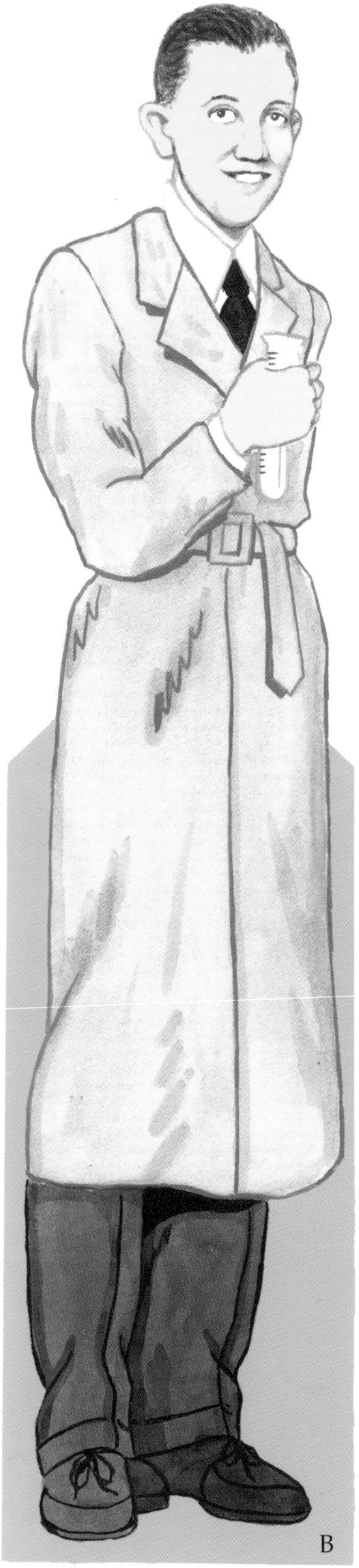
B

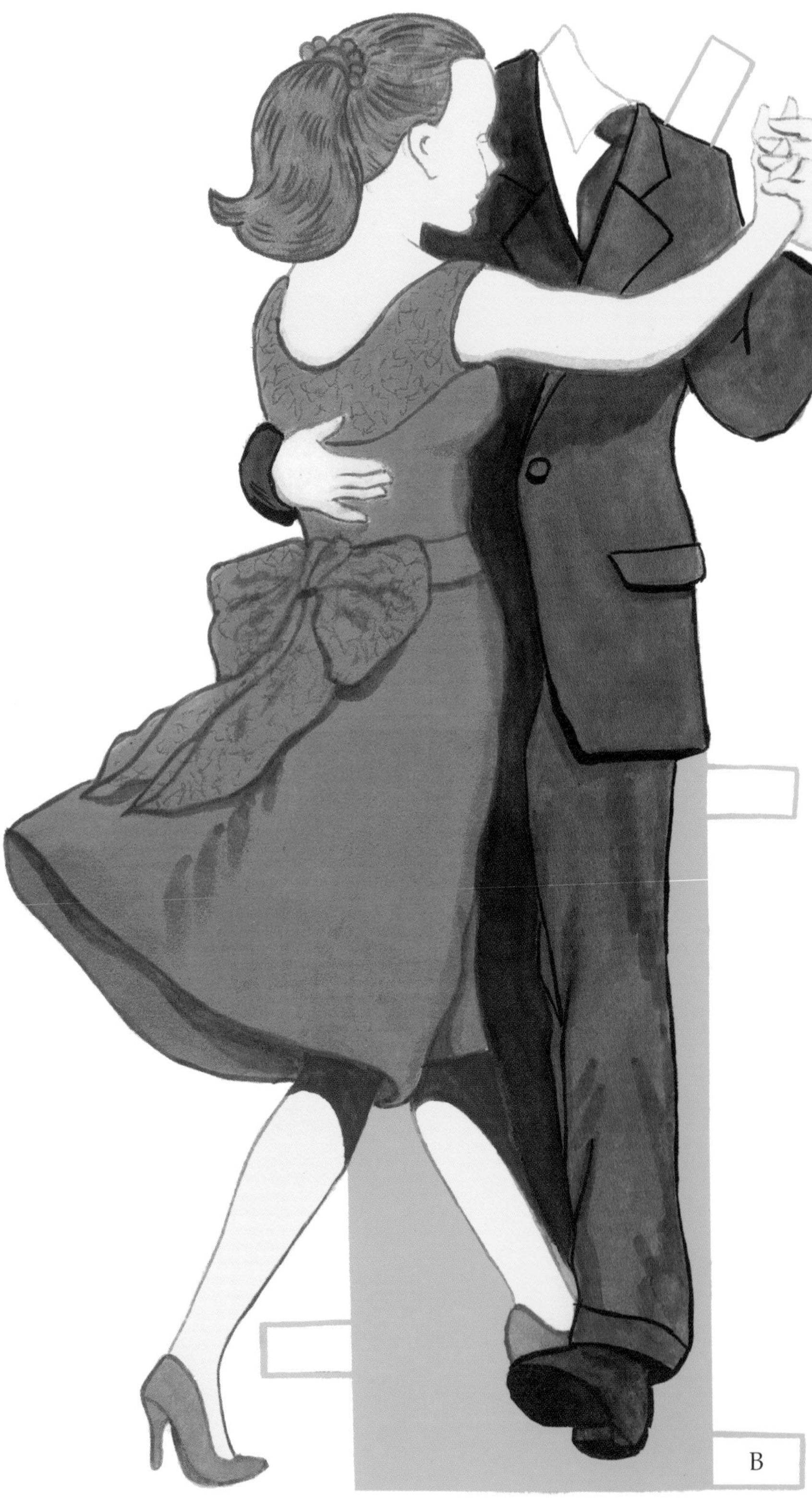
B

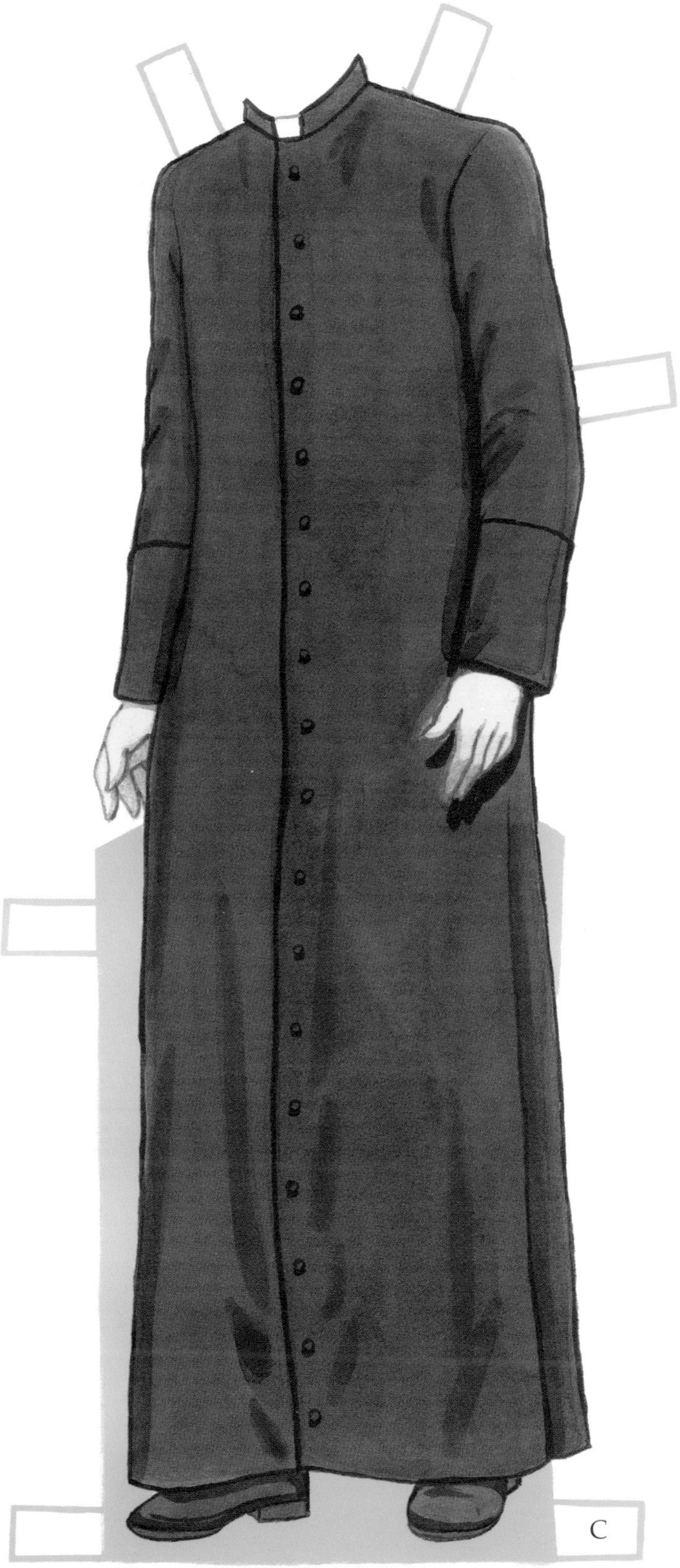

C

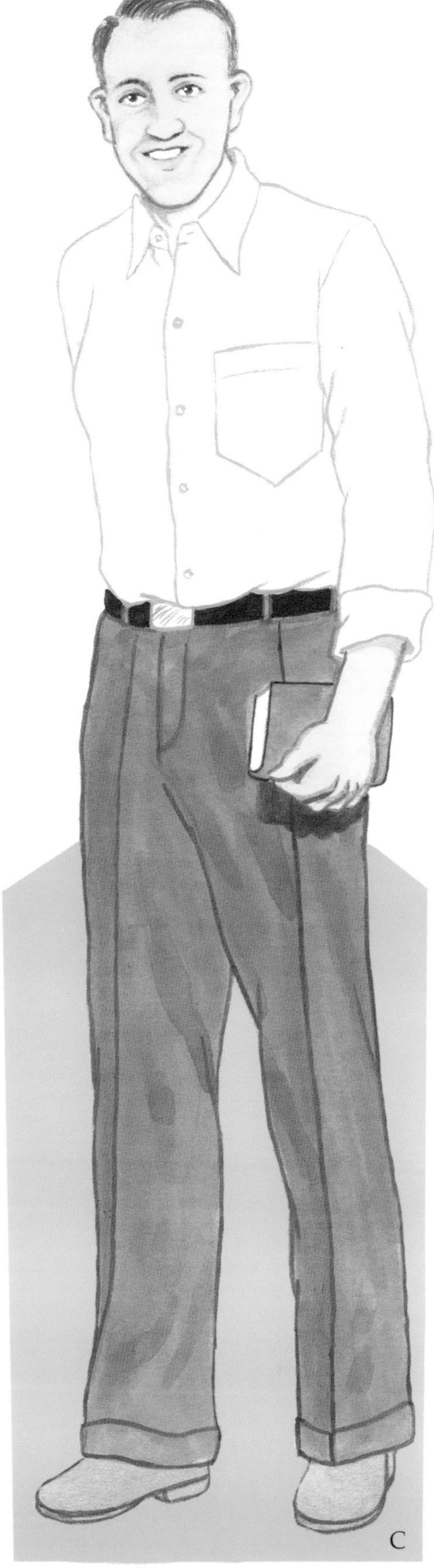

C

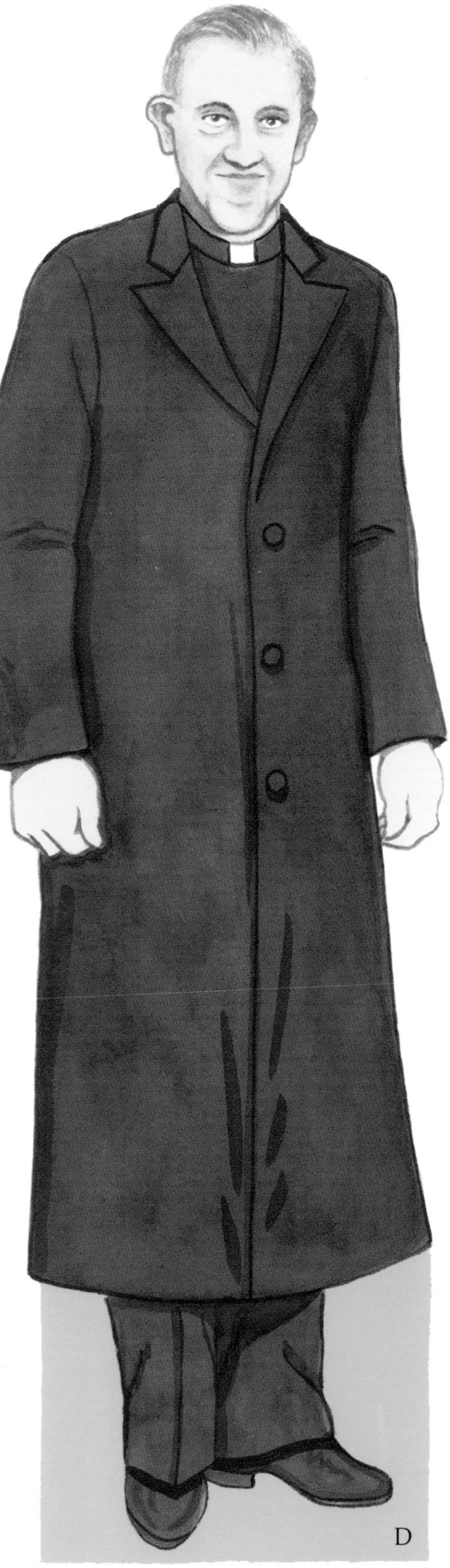
D

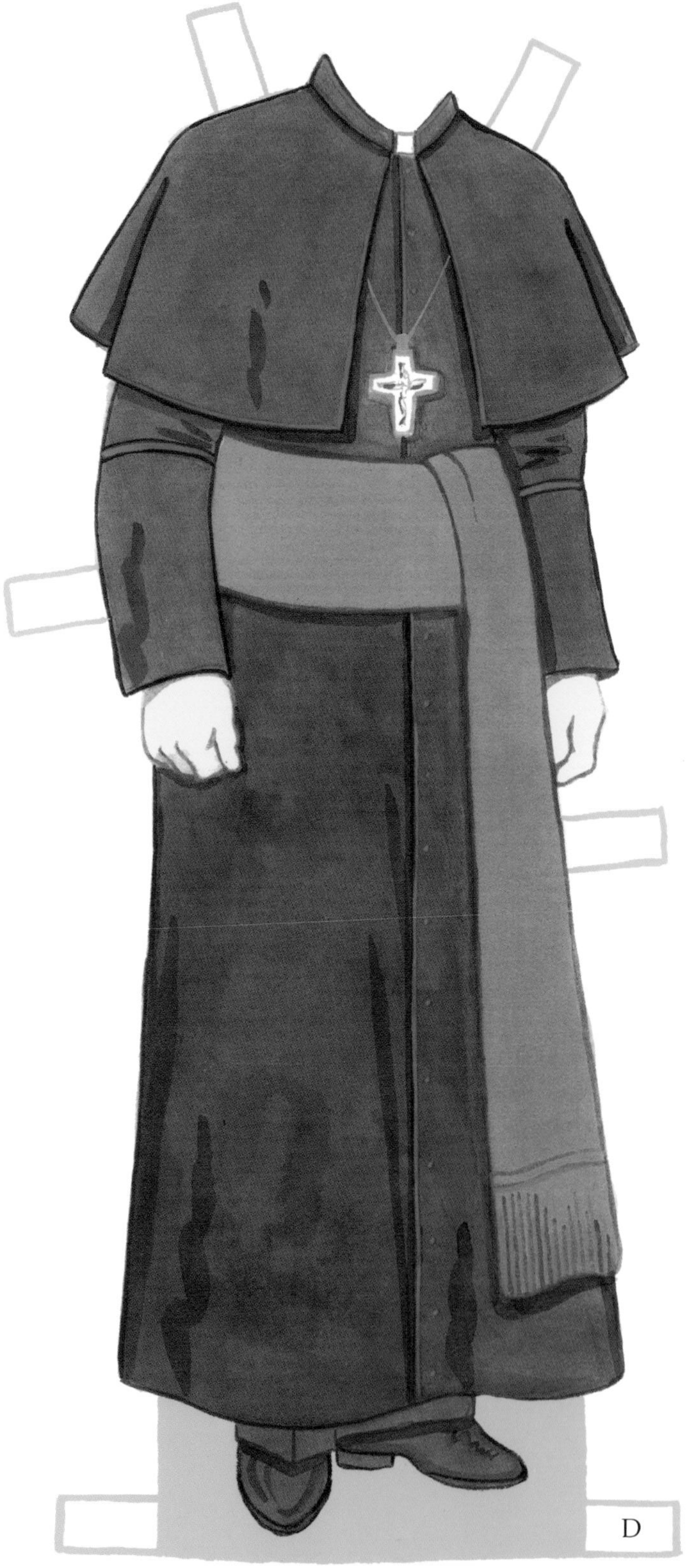
D

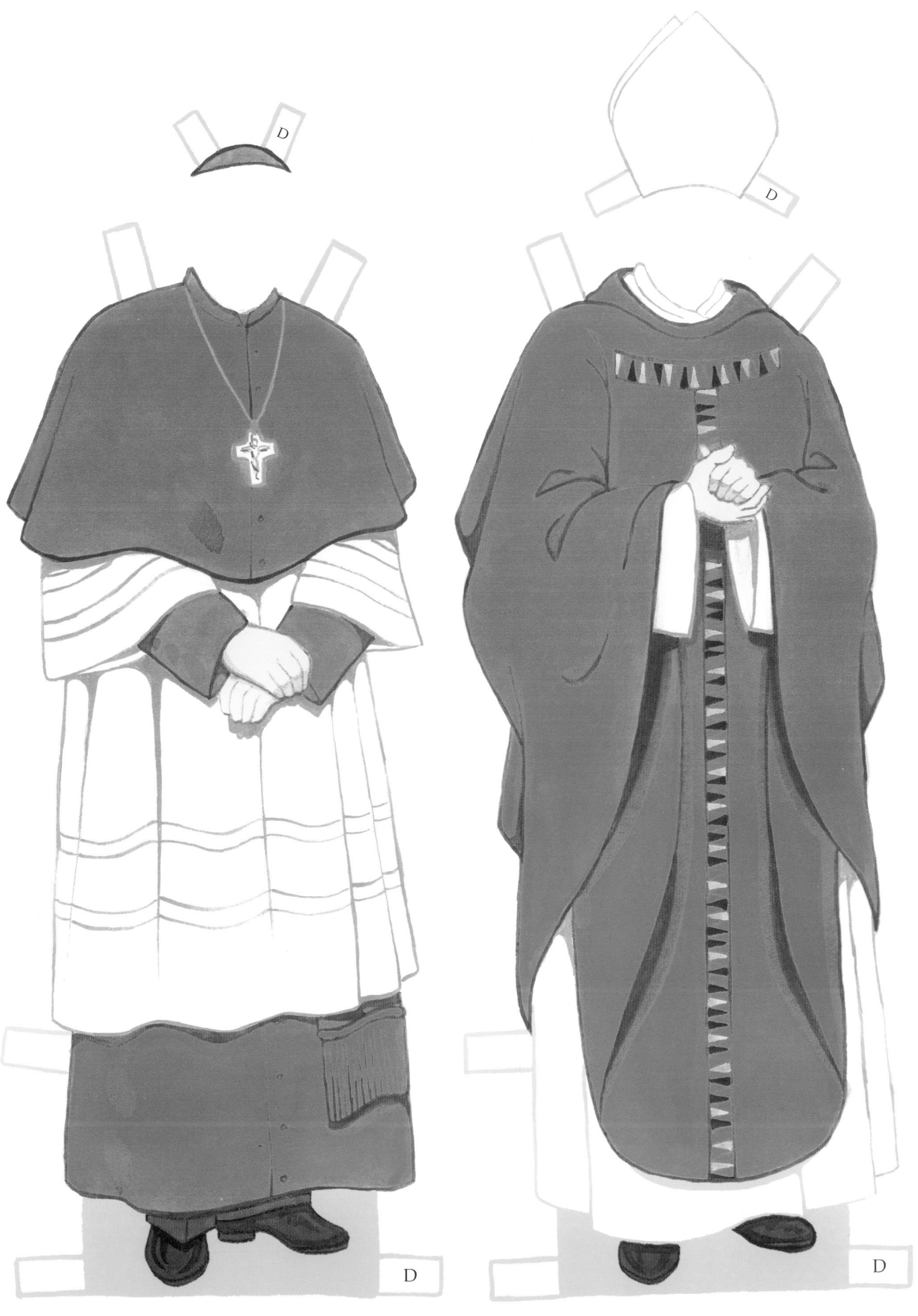

Plate 5

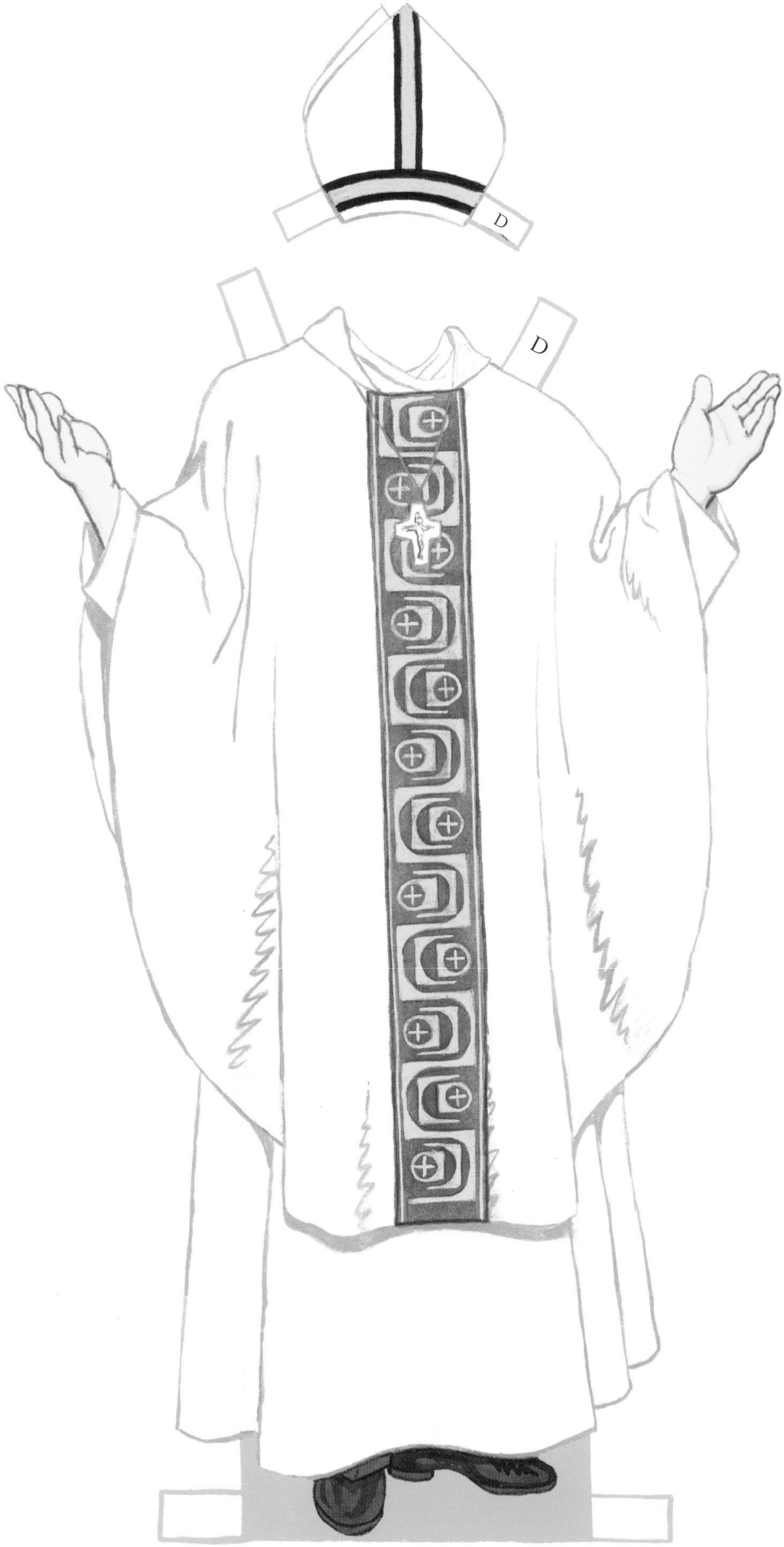

Plate 6

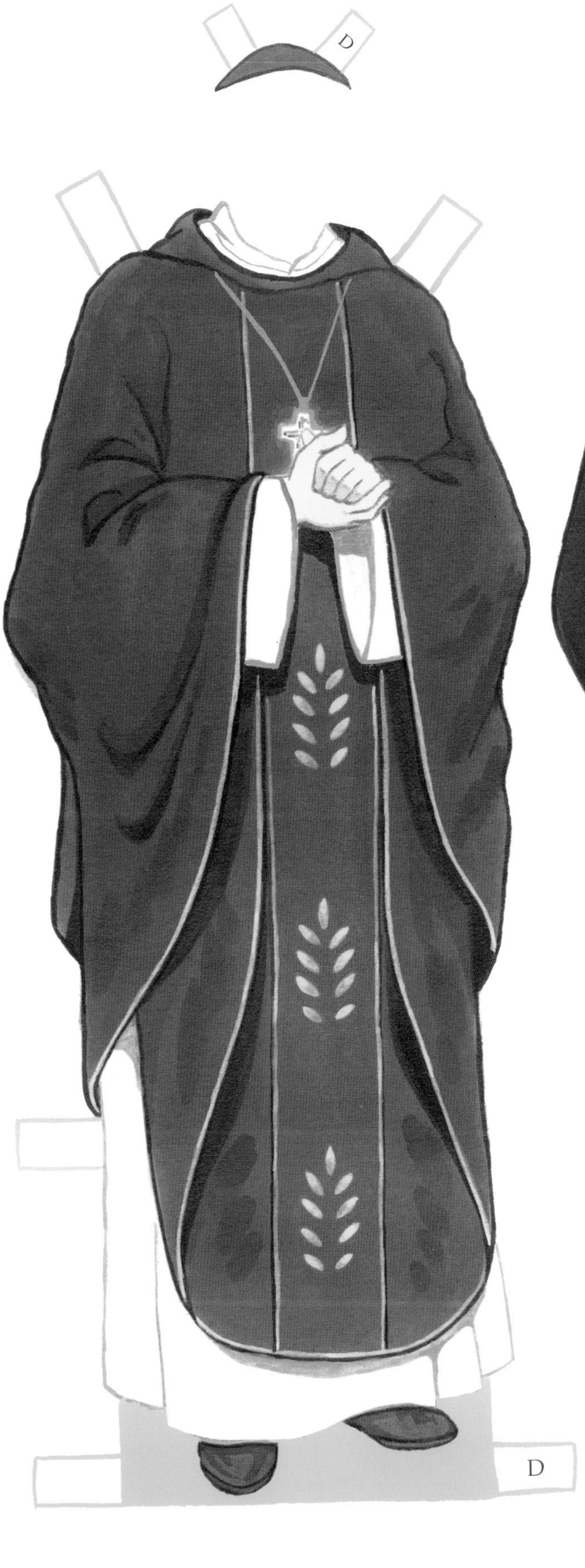
D
D
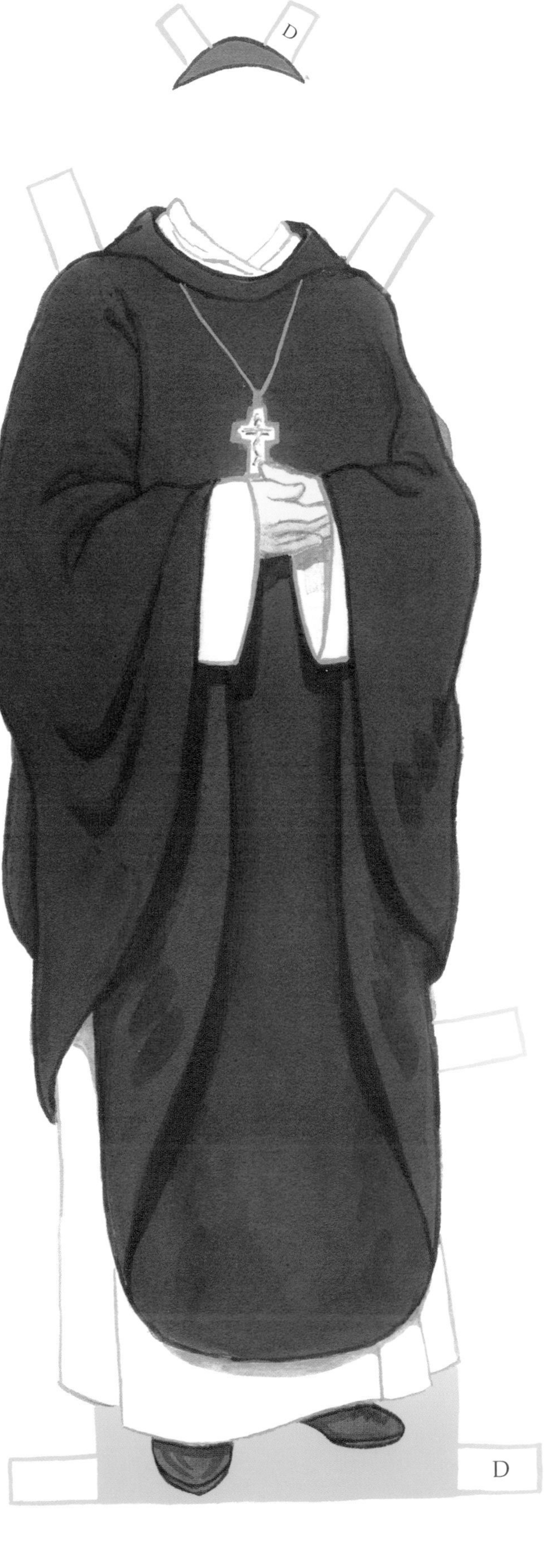
D
D

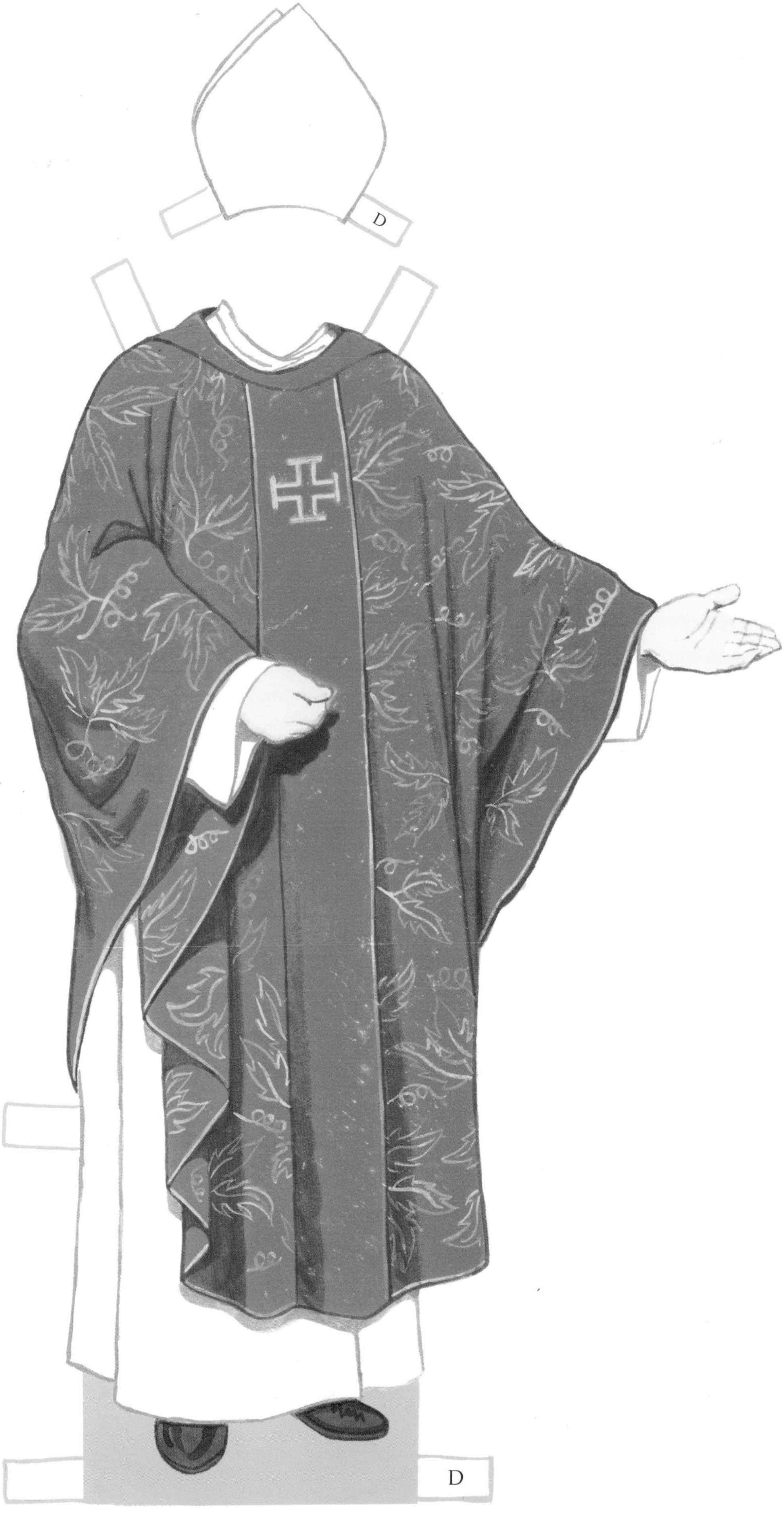
D
D

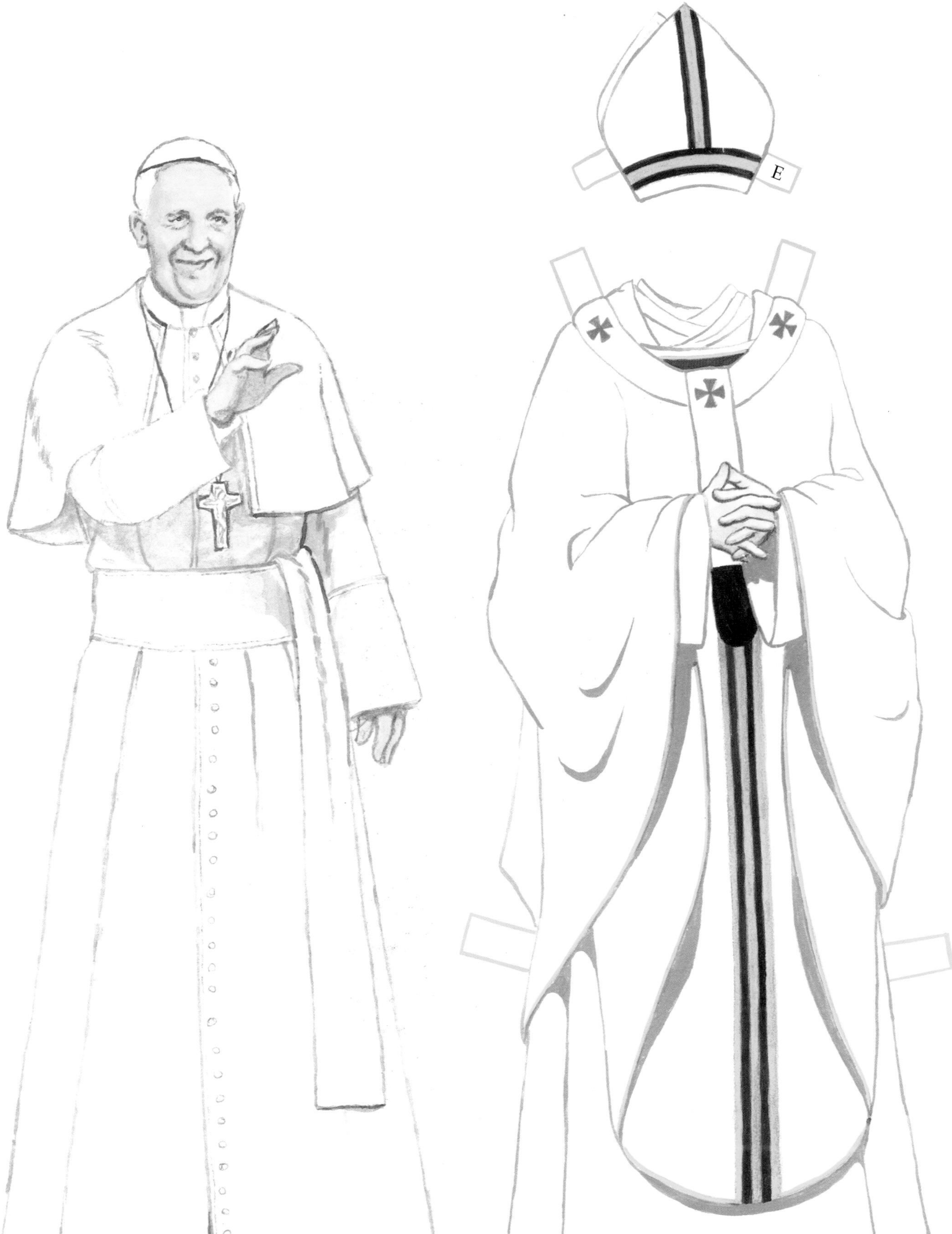

Plate 9

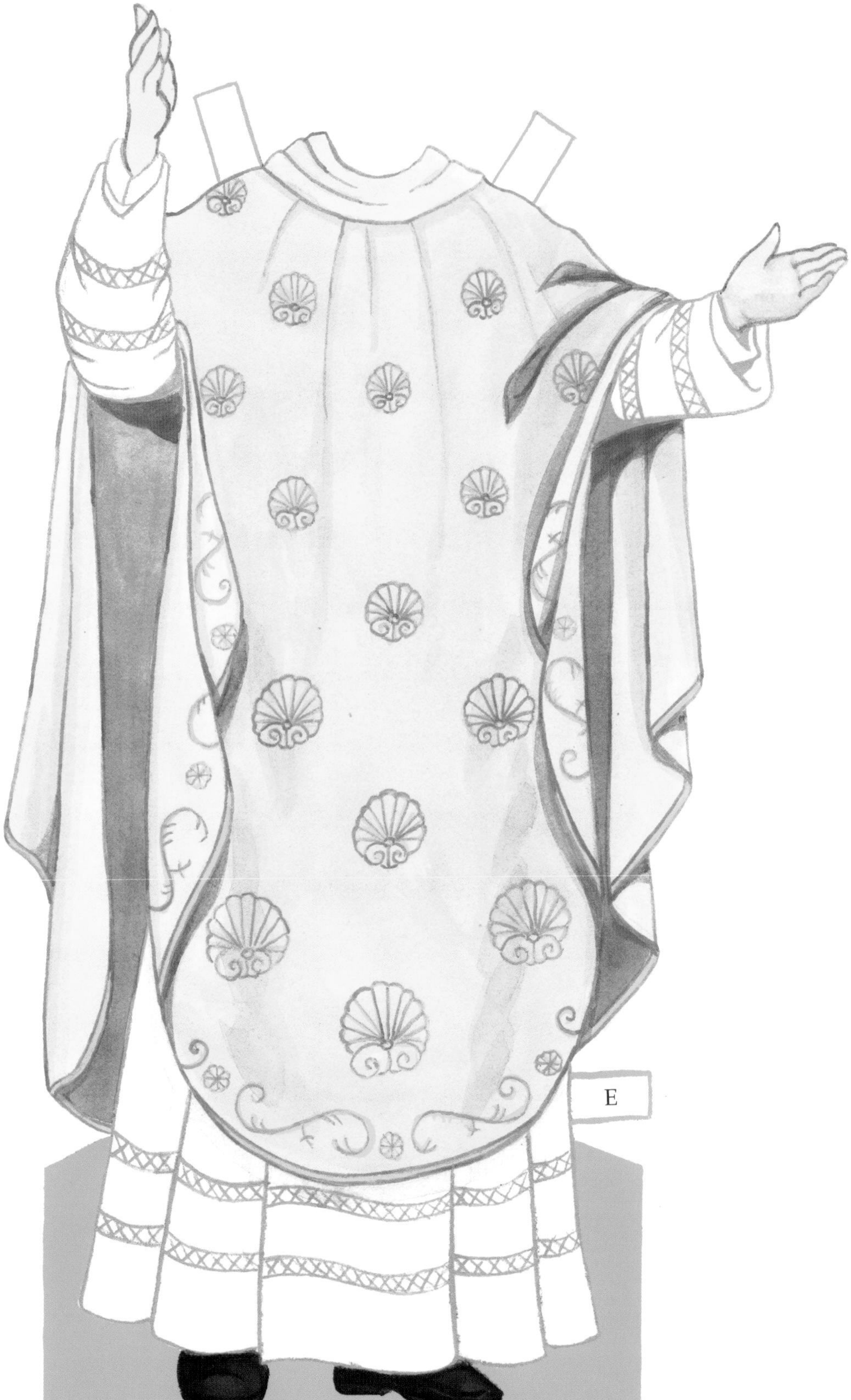

Plate 10

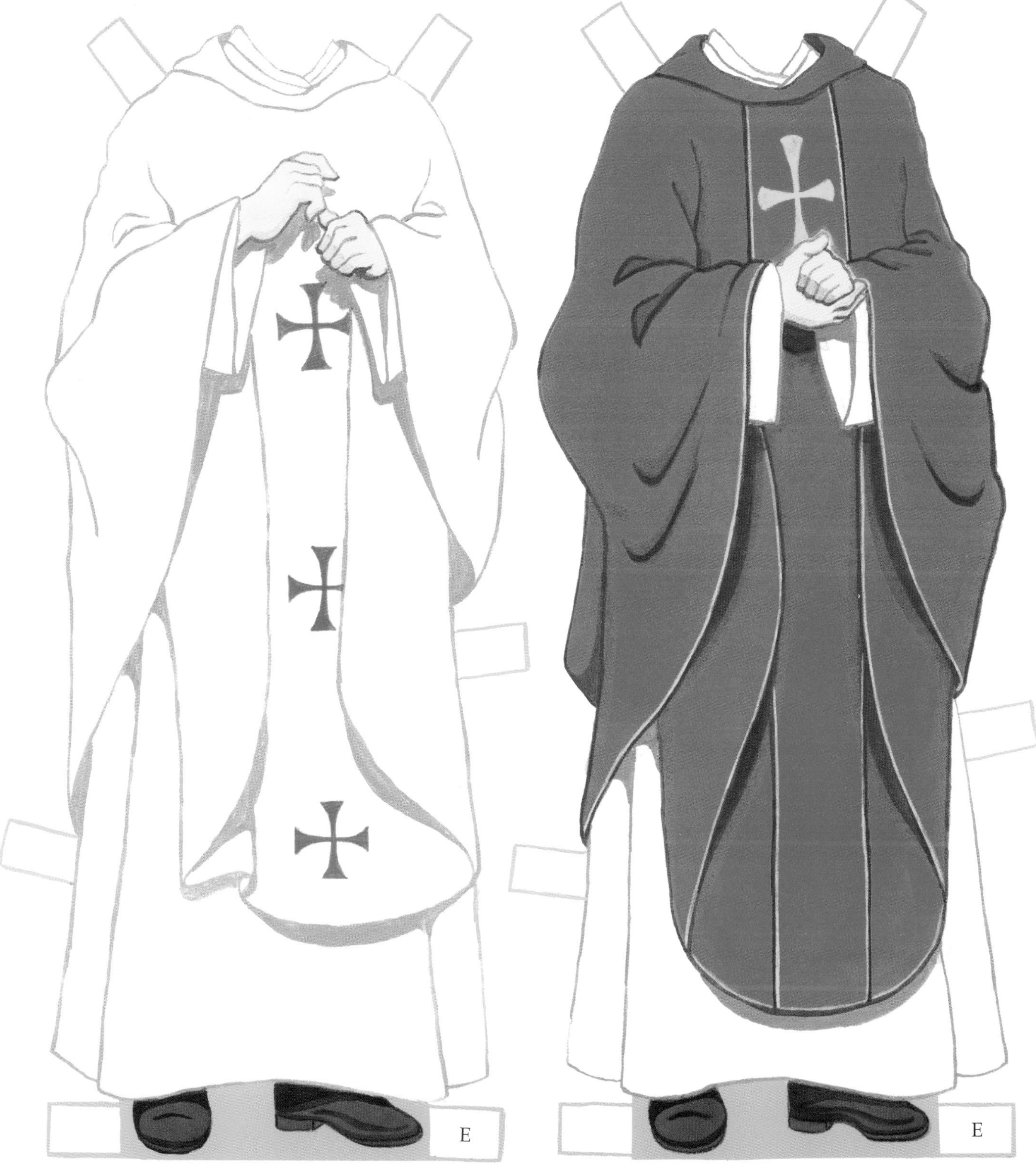
E
E

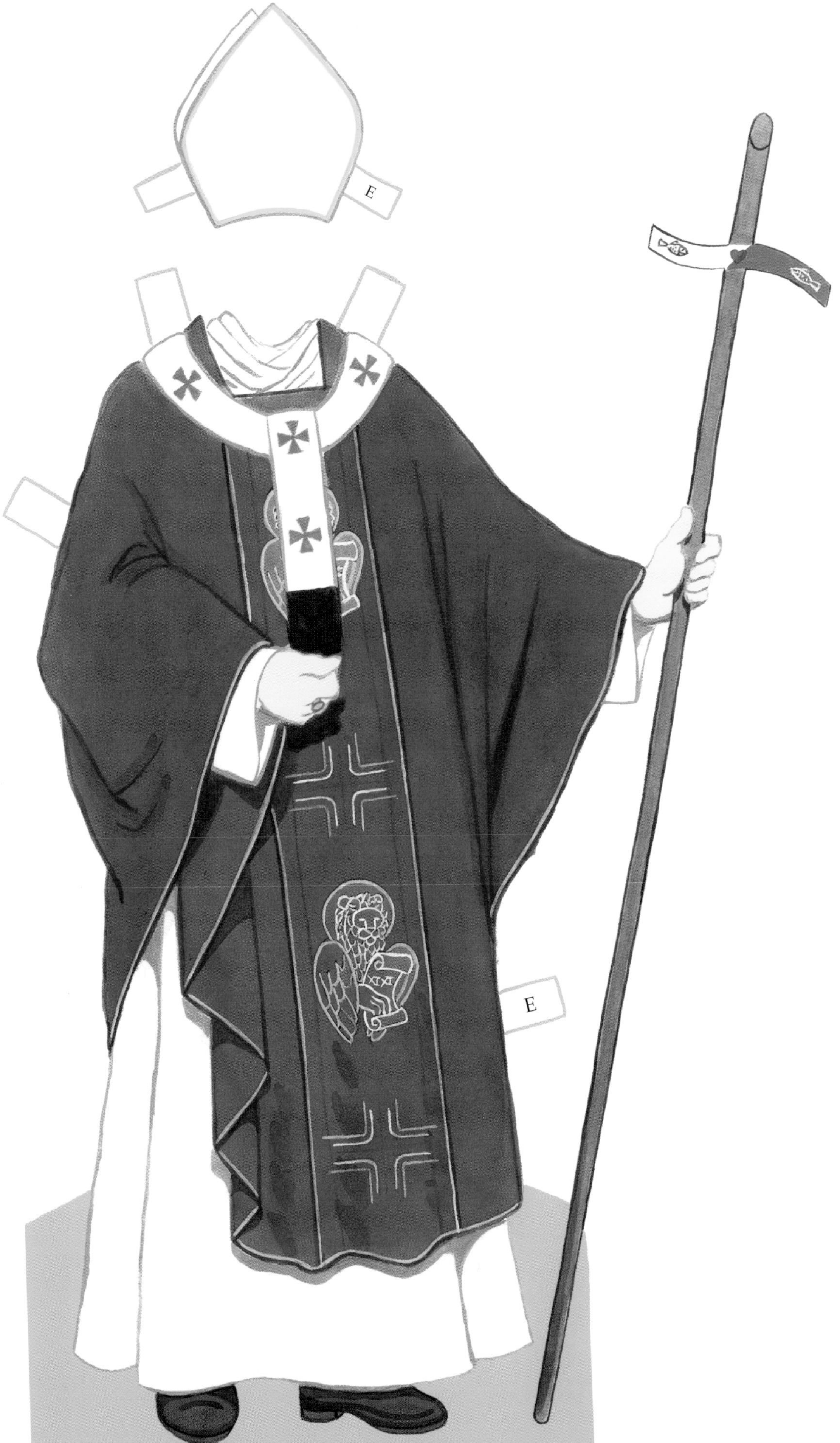

Plate 12

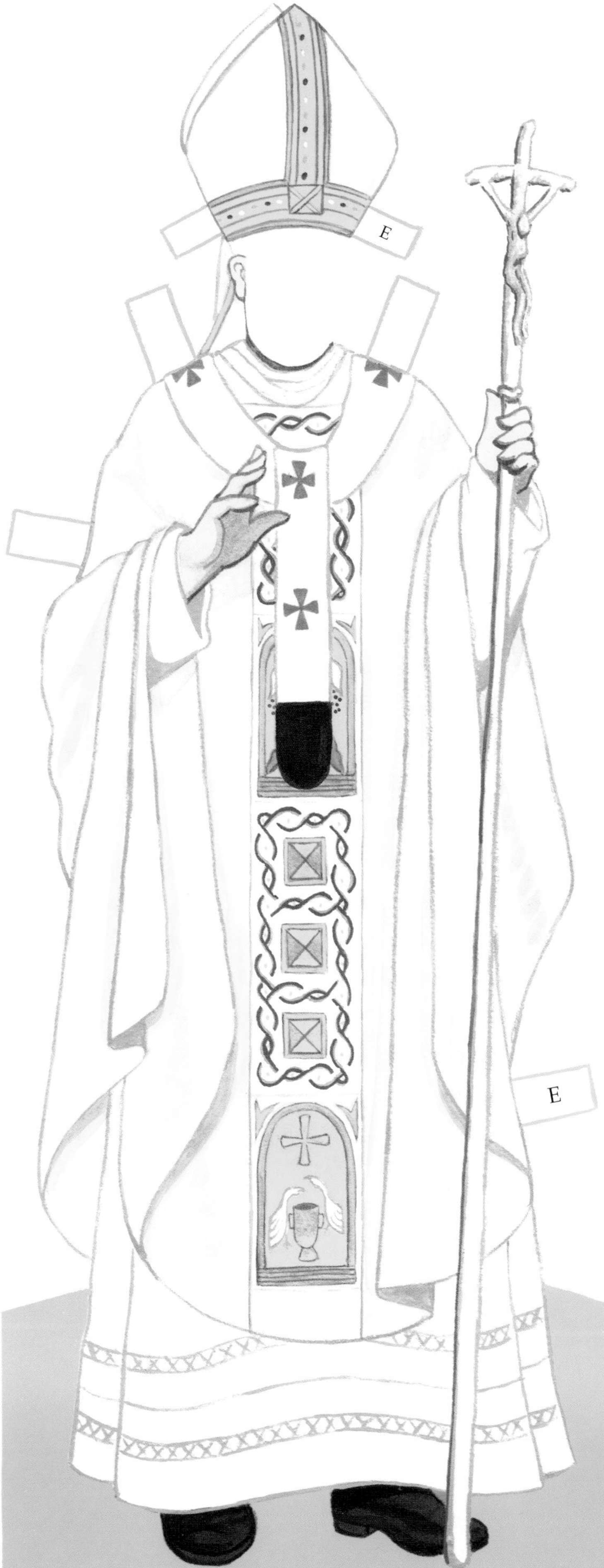
E
E

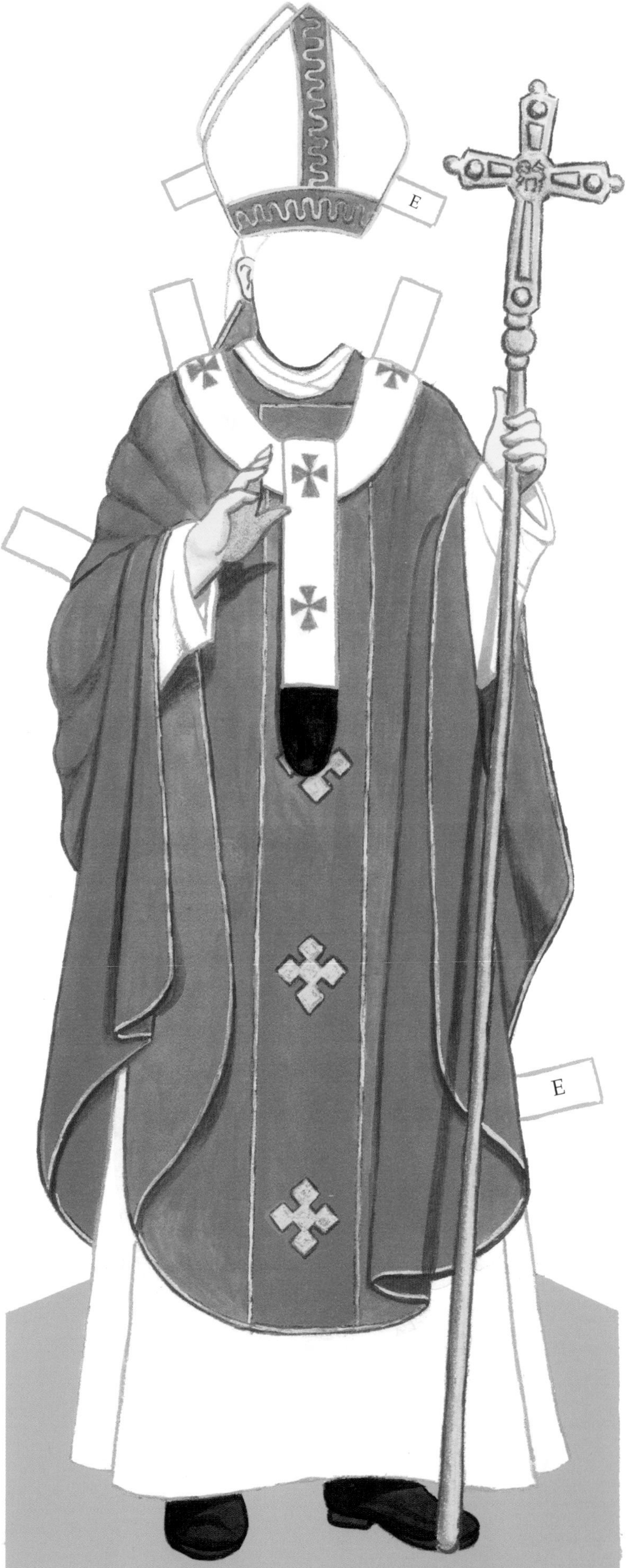
E
E

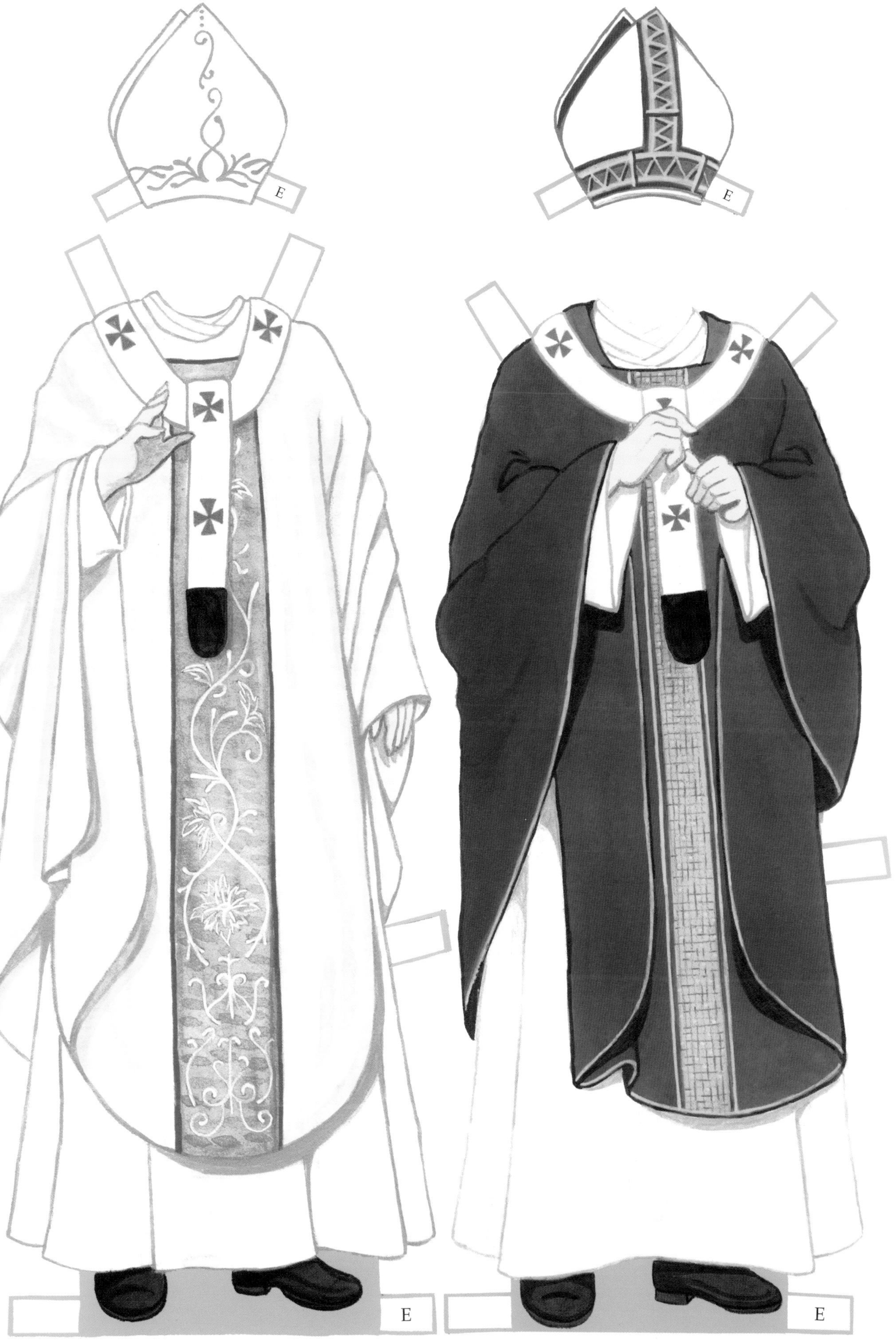
E
E
E
E